Angelika Massenkeil, Pammi Panesar

Kerzen-Gel

Zauberhafte Ideen

ENGLISCH VERLAG

Die Deutsche Bibliothek – CIP-Einheitsaufnahme
Kerzen-Gel: zauberhafte Ideen / Angelika Massenkeil, Pammi Panesar. – Wiesbaden: Englisch, 2000
ISBN 3-8241-0999-9

ISBN 3-8241-0999-9

Fotos: Frank Schuppelius
Herstellung: Michael Feuerer
Printed in Spain

Inhaltsverzeichnis

Vorwort

In diesem Buch stellen wir Ihnen viele schöne Ideen für Kerzen-Gel vor. Ob für die großen Feste des Jahres, wie Weihnachten und Ostern, oder für persönliche Anlässe oder Familienfeste – in diesem Buch finden Sie mit Sicherheit eine Anregung zum Gießen einer Gel-Kerze. Gel-Kerzen sind auch ein originelles Mitbringsel, wenn Sie beispielsweise zu einer Gartenparty eingeladen sind. Die Deko-Artikel, die Sie eingießen, können Sie genau auf den jeweiligen Anlass abstimmen. So ist ein Gel-Kirsch-Cocktail eine tolle Idee, um für eine Cocktailparty die richtige Dekoration zu zaubern.
Das Anfertigen einer Gel-Kerze ist ganz leicht, und wir zeigen Ihnen Schritt für Schritt, wie eine Kerze aus Kerzen-Gel gegossen wird.

Wir wünschen Ihnen viel Spaß beim Herstellen Ihrer Kerzen

Angelika Massenkeil
und Pammi Panesar

Material und Werkzeug

Jede Kerze ist mit einer genauen Liste für Material und Zubehör versehen. Grundsätzlich benötigen Sie Folgendes:

- transparentes Kerzen-Gel
- verschiedenfarbiges Kerzen-Gel
- Schaschlikspieß aus Metall
- gewachster Kerzendocht
- verschiedene Glasgefäße
- hoher Stieltopf (zum Erhitzen des Gels)
- großer Kochtopf für das Wasserbad
- Dekorationsartikel aus Keramik, Glas und Metall
- Löffel zum Umrühren des Kerzen-Gels
- Bleistift oder Holzstab
- Zahnstocher
- Farbpastillen zum Einfärben des transparenten Kerzen-Gels
- Dekorations-Sand in verschiedenen Farben und Körnungen
- Kerzensand

Was ist Kerzen-Gel?

Kerzen-Gel, manchmal auch Gel-Wachs genannt, ist ein gelartiges Wachs, das durch Erhitzen gießfähig wird. Kerzen-Gel gibt es in Transparent und verschiedenen transparent wirkenden Farbtönen. Transparentes Kerzen-Gel kann aber auch mit Hilfe spezieller Wachspastillen, die Sie im Hobby-Fachhandel erhalten, eingefärbt werden.

Das Besondere an Kerzen-Gel ist, dass man die verschiedensten kleinen Deko-Artikel aus Metall, Glas oder Keramik eingießen kann. So können Sie Stücke, an denen Sie besonders hängen, in einer Gel-Kerze zu neuem Glanz verhelfen.

Außerdem besitzt Kerzen-Gel einen entscheidenden Vorteil gegenüber herkömmlichen Kerzen aus Wachs: Gel-Kerzen brennen länger.

Einige hilfreiche Tipps vorab

Was braucht man für eine Gel-Kerze?

Die Menge des benötigten Gels hängt von der Größe des Glasgefäßes ab. Als Faustregel gilt: 80 g Gel passen in ein Glas mit 100 ml Fassungsvermögen. Im Durchschnitt benötigt man ca. 200 g Kerzen-Gel für ein Gefäß in der Größe von 200–300 ml.

Außer Kerzen-Gel benötigen Sie nur noch einen gewachsten Docht und ein Glasgefäß. Alle anderen Dinge, wie einen Topf zum Erhitzen und einen zweiten für das Wasserbad sowie einen Schaschlikspieß aus Metall, besitzen Sie sicher schon. Vielleicht haben Sie sogar den einen oder anderen kleinen Gegenstand, den Sie gern eingießen möchten.

Die meisten Gläser, wie zum Beispiel Weingläser oder andere bauchige Gläser, besitzen unten eine ausgeprägte Vertiefung, sodass der einzugießende Gegenstand häufig schief steht.

Gibt man Sand, Deko-Sand oder Deko-Körnung hinein, bleibt der Gegenstand auch beim Auffüllen des Gefäßes mit Gel sicher stehen.

Was eignet sich zum Eingießen?

Kleinigkeiten aus Metall, Keramik oder Glas eignen sich am besten zum Eingießen, denn sie sind schwer und bleiben beim Eingießen auf dem Gefäßboden liegen. Holzartikel schwimmen beim Eingießen nach oben, da sie leicht sind. Wenn Sie farbig gestaltet sind, kann sich die Farbe lösen und das Gel eintrüben. Aus diesen Gründen eignen sich Holzartikel nicht so gut.

Wenig geeignet sind auch Gegenstände aus Kunststoff und Textil, da sie sich beim Einfüllen des heißen Gels verformen können und später beim Anbrennen der Kerze unter Umständen in Flammen aufgehen. Wenn Sie solche Gegenstände verwenden möchten, heben Sie sie einfach aus der Gel-Kerze heraus, bevor die Flamme Ihren Deko-Gegenstand erreicht. Die eingegossenen Gegenstände lassen sich nach dem Abbrennen der Kerze mit heißem Wasser und Spülmittel wieder abspülen.

Warnhinweis:

Vermeiden Sie, die Dekorations-Artikel direkt an den Docht zu legen, damit sie beim Abbrennen der Kerze unbeschädigt bleiben. Platzieren Sie die Gegenstände immer nahe an der Glaswandung, so kommen sie auch in dem Kerzen-Gel besser zur Geltung.

Grundsätzlich gilt für alle Kerzen: Lassen Sie sie nicht unbeaufsichtigt brennen! Da sich das Gefäß Ihrer Kerze nach längerer Brenndauer sehr erhitzt, sollten Sie es auf eine nicht entflammbare Unterlage stellen, wie alle anderen Kerzen, die in Gefäßen gegossen sind, auch. Löschen Sie die Flamme, bevor diese die eingetauchten Dekorations-Artikel erreicht, oder heben Sie die Gegenstände aus dem weichen Gel heraus und brennen dann die Kerze zu Ende.

Luftblasen

Bereits in der Verpackung enthält das puddingartige Gel oftmals noch Luftbläschen. Beim Verflüssigen des Gels im Wasserbad und auch durch das Gießen in das Glasgefäß bilden sich neue Bläschen. Diese Bläschen, die einen schönen Effekt ergeben, sind – je nach eingeschlossenem Dekorationsartikel – nicht immer wünschenswert. Ganz vermeiden lassen sie sich aber nicht.

Tipp: Erwärmt man das Glasgefäß, in das Gel eingefüllt wird, fällt die Blasenbildung weit geringer aus. Bei unseren Arbeiten haben wir die Glasgefäße in einen Topf mit heißem Wasser gestellt und dann erst das Gel hineingefüllt. Wir haben die Gefäße bis zum Erstarren des Gels in diesem „Wasserbad“ stehen gelassen.

Keramikgegenstände mit offenen Poren verursachen eine besonders starke Bläschenbildung. Wesentlich weniger Bläschen treten auf, wenn man diese Gegenstände zuerst in heißes Gel eintaucht, wieder aus dem Gel herauszieht und erkalten lässt. Auf diese Weise schließen sich die Poren. Anschließend kann man diese Deko-Artikel problemlos eingießen.

Einfügen des Dochtes

Für das Arbeiten mit Kerzen-Gel eignen sich zwei verschiedene Dochtarten: gewachste Dochte mit Dochthalter sowie Dochte ohne Dochthalter. Dochte mit Dochthalter werden vor dem Einfüllen des heißen Gels an ihrem gewachsten Metallplättchen am Glasboden befestigt, und gewachste Dochte ohne Dochthalter

werden nach dem Einfüllen des Gels platziert.
Bedenken Sie, dass der Docht in der transparenten Kerze gut sichtbar ist, deshalb sollte er senkrecht durch die Kerze führen. Am einfachsten ist daher die Verwendung eines Dochtes mit Dochthalter. Der Dochthalter wird am Glasboden befestigt und der Docht mit einem Holzstab oder Bleistift auf dem Glasrand abgestützt. So kann er nicht verrutschen. Allerdings wirkt der Dochthalter in den transparenten Kerzen meistens sehr störend.
Gewachste Dochte ohne Dochthalter sind am unteren Ende markiert, da sich dieses Ende unten in der Kerze befinden muss. Sie können den Docht nach dem Abkühlen, aber vor dem endgültigen Erstarren in das Gel schieben. Dabei verkrümmt sich der Docht jedoch leicht. Besser ist es, wenn Sie einen Schaschlikspieß aus Metall im Wasserbad erhitzen und ein Loch in das erstarrte Gel bohren. Dann schieben Sie den Docht hinein. Auf diese Weise erhalten Sie einen sauberen Einschnitt, ohne dass sich erneut Bläschen bilden. Bläschen bilden sich bei dieser Methode dann, wenn Sie auf das Erhitzen des Schaschlikspießes verzichten.

Schritt-für-Schritt-Grundanleitung

Der folgenden Anleitung können Sie entnehmen, wie eine Kerze aus Kerzen-Gel hergestellt wird.

1. Schritt

Kerzen-Gel sollte aufgrund der Brandgefahr immer nur im Wasserbad erhitzt werden. Geben Sie die benötigte Gel-Menge in einen Stieltopf und diesen in einen großen Topf mit Wasser. Das Gel wird bei 90° bis 95° Celsius flüssig und ist dann gießfertig. Kleine Luftblasen können Sie mit einem Zahnstocher aufstechen.

Wichtig: Achten Sie darauf, dass das Wasser des Wasserbades beim Kochen nicht in den Stieltopf spritzen kann, da das Gel sonst trüb wird. Am besten ist es, wenn der Topf, der das Gel enthält, sehr hoch ist (z. B. Milchtopf). Haben Sie einen solchen Topf nicht zur Hand, erhitzen Sie nur sehr wenig Wasser für das Wasserbad.

Tipp: Es gibt spezielle Wachs-Schmelz-Geräte zum Schmelzen von Wachs. Darin kann man natürlich das Kerzen-Gel auch erhitzen.

2. Schritt

Stellen Sie ein gut gespültes Glas bereit. Geben Sie ein Glas, in dem sich schon einmal Kerzen-Gel befand, niemals zum Spülen in die Spülmaschine. Selbst kleine Gel-Rückstände legen sich wie ein Wachsfilm auf sämtliche Kunststoffteile der Spülmaschine und auf Kunststoffgeschirr. Erst mit einem speziellen Spülmaschinen-Reiniger lassen sich die Gel-Rückstände entfernen. Verwenden Sie einen gewachsten Docht mit Dochthalter, so müssen Sie ihn vor dem Einfüllen des heißen Gels am Glasboden und mit einem Holzstab oder Bleistift oben am Glasrand fixieren, damit er nicht hin- und herrutschen kann. Stellen Sie Ihren Dekorations-Gegenstand in das Glas.

3. Schritt

Füllen Sie das flüssige, für ein paar Minuten abgekühlte Gel-Wachs langsam in das Glas. Das Material erstarrt relativ schnell und erhält dann seinen ursprünglichen geleeartigen Zustand. Wenn Sie einen gewachsten Docht ohne Dochthalter verwenden, erhitzen Sie einen Schaschlikspieß aus Metall (dazu legen Sie diesen einfach in das Wasserbad) und stechen damit die Röhre für den Docht. Führen Sie diesen nun sofort in die Öffnung ein. Das Erstarren des Gels ist wichtig, denn wenn Sie den Docht gleich nach Einfüllen des Kerzen-Gels einziehen, verzieht er sich häufig.

Einarbeiten von Sand

Wenn Sie Sand aus dem Sandkasten, von der Baustelle, Vogelsand oder auch Dekorations-Sand, der in vielen Farben und Körnungen im Hobby-Fachhandel erhältlich ist, für die Kerzen verwenden, können Sie besondere Effekte erzielen. Eine Sandschicht auf dem Gefäßboden macht sich z. B. für Muscheln am Strand oder Blumen auf einer Wiese sehr gut. Außerdem bekommen die einzugießenden Gegenstände Halt auf dem glatten Glasboden.

Hinweis: Füllt man Sand, Dekorations-Sand oder kleine Kieselsteine in das Glasgefäß und gießt es dann mit Kerzen-Gel auf, muss man mit starker Bläschenbildung rechnen, da bereits zwischen dem Sand oder den Kieselsteinen viel Luft eingeschlossen ist.

Blumenwiese

Material
- transparentes Kerzen-Gel
- Glas
- gewachster Kerzendocht
- grüne Deko-Körnung
- 2 Glasblumen
- Deko-Libelle aus Holz
- Heißklebepistole

Anleitung
Geben Sie eine Schicht Deko-Körnung in das Glas, und stellen Sie die Glasblumen darauf. Erhitzen Sie das Kerzen-Gel im Wasserbad. Füllen Sie das kurz abgekühlte Gel in das Glas.
Nach dem Erstarren des Gels erhitzen Sie einen Schaschlikspieß aus Metall ebenfalls im Wasserbad. Mit ihm bohren Sie ein Loch in die Mitte der Kerze, um hier den Docht einzuziehen.
Zum Schluss wird die Libelle mit der Heißklebepistole auf den Glasrand geklebt.

Frohe Ostern

Material

- transparentes Kerzen-Gel
- gelbes Kerzen-Gel
- kleiner, möglichst runder Löffel
- gewachster Kerzendocht
- Eier
- kleine Tontöpfe, Federn und Deko-Holzhühner
- Heißklebepistole

Anleitung

Die Eier werden aufgeschlagen, ausgeleert und dann gewaschen. Erhitzen Sie gelbes Kerzen-Gel, und geben Sie eine kleine Portion in einen kleinen runden Löffel. Ist das Gel erkaltet, nehmen Sie es vom Löffel.

Füllen Sie flüssiges transparentes Kerzen-Gel langsam in ein Ei, und lassen Sie das Gel erkalten. Nun wird das gelbe Eidotter in der Mitte des Eies platziert und der Docht eingefügt, indem Sie einen Schaschlikspieß erhitzen und mit ihm ein Loch in die Gel-Kerze bohren. Gießen Sie so viele Eikerzen wie Sie möchten.

Zum Schluss dekorieren Sie kleine Tontöpfe mit Federn und Deko-Holzhühnern und stellen Ihre Eikerzen hinein.

Bärchen

Material

- transparentes Kerzen-Gel
- Glas
- gewachster Kerzendocht
- Bärenpaar aus Keramik
- schwarze und weiße Deko-Körnung

Anleitung

Mischen Sie die weiße und schwarze Dekokörnung, und füllen Sie eine Schicht davon in das Glas. Erhitzen Sie das Kerzen-Gel im Wasserbad.

Um eine starke Bläschenbildung zu vermeiden, stellen Sie Ihr Glas in das Wasserbad und tauchen das Bärenpaar in das erhitzte Kerzen-Gel. Setzen Sie die Bären anschließend auf die Deko-Körnung in Ihrem Glas. Nun füllen Sie das Glas langsam mit dem kurz abgekühlten Kerzen-Gel auf.

Nach dem Erstarren des Kerzen-Gels bohren Sie mit einem erhitzten Schaschlikspieß aus Metall ein Loch in die Mitte der Kerze, um hier den gewachsten Docht einzuschieben.

Igel

Material

- transparentes Kerzen-Gel
- Glas
- gewachster Kerzendocht
- grüne Deko-Körnung
- Igel aus Keramik
- grünes Schleifenband

Anleitung

Füllen Sie etwas grüne Deko-Körnung in das Glas, und stellen Sie den Igel hinein. Besitzt der Igel eine großporige Oberfläche, sollten Sie ihn vorher in flüssigem Kerzen-Gel (erhitzen Sie es im Wasserbad) tauchen, um später eine starke Bläschenbildung zu vermeiden. Anschließend füllen Sie das flüssige transparente Kerzen-Gel möglichst langsam in das Glas. Der Docht wird nach Erstarren des Kerzen-Gels eingefügt, indem Sie mit Hilfe eines erhitzten Schaschlikspießes aus Metall in der Mitte der Kerze ein Loch bohren. Hier schieben Sie den Docht ein. Zum Schluss binden Sie das Schleifenband um den Glasfuß.

Kirschcocktail

Material
- transparentes Kerzen-Gel
- gewachster Kerzendocht
- Cocktailglas
- Deko-Kirschen mit Blättern aus Glas

Anleitung

Platzieren Sie die Kirschen in Ihrem Cocktailglas. Erhitzen Sie dann das transparente Kerzen-Gel. Füllen Sie es möglichst langsam in das Glas. Wenn das Kerzen-Gel völlig erstarrt ist, können Sie den Docht einziehen. Zu diesem Zweck erhitzen Sie einen Schaschlikspieß im Wasserbad und bohren mit ihm ein Loch in die Mitte der Kerze. Hier wird der Docht hineingeschoben.

Apfelcocktail

Material
- transparentes Kerzen-Gel
- gewachster Kerzendocht
- Cocktailglas
- Deko-Apfel mit Blatt aus Glas
- Deko-Apfelzweig
- Heißklebepistole

Anleitung
Legen Sie den Apfel in das Cocktailglas. Dann erhitzen Sie das Kerzen-Gel im Wasserbad. Füllen Sie es möglichst langsam in das Glas, damit der Apfel nicht hin- und herrutscht. Nachdem das Kerzen-Gel erkaltet ist, erhitzen Sie einen Schaschlikspieß aus Metall im Wasserbad und bohren mit ihm ein Loch in die Mitte der Kerze. Hier ziehen Sie den Docht ein. Zum Schluss drapieren Sie den Apfelzweig um das Glas und kleben ihn am Glasrand mit Hilfe der Heißklebepistole fest.

Schnecke

Material
- transparentes Kerzen-Gel
- Glas
- gewachster Kerzendocht
- grüne Deko-Körnung
- Deko-Schnecke aus Glas

Anleitung

Zunächst geben Sie etwas grüne Deko-Körnung in das Glas. Auf diese Schicht platzieren Sie die Schnecke. Anschließend erhitzen Sie das Kerzen-Gel im Wasserbad und lassen es kurz abkühlen. Dann kann es in das Glas gefüllt werden. Ist das Kerzen-Gel erkaltet, erhitzen Sie einen Schaschlikspieß aus Metall im Wasserbad und bohren mit ihm in der Mitte der Kerze ein Loch. Dort wird der Docht eingezogen.

Fisch

Material
- transparentes Kerzen-Gel
- Glas
- gewachster Kerzendocht
- blauer Kerzensand
- Muscheln
- Deko-Fisch aus Glas

Anleitung
Geben Sie eine Schicht Sand in das Glas. Setzen Sie den Fisch und die Muscheln obenauf. Dann erhitzen Sie das Kerzen-Gel und füllen es möglichst langsam in das Glas ein. Ist das Kerzen-Gel erstarrt, ziehen Sie den Docht ein. Dafür erhitzen Sie einen Schaschlikspieß aus Metall im Wasserbad und bohren mit ihm ein Loch in die Mitte der Kerze.

Pudding mit Himbeersoße

Material

- gelbes Kerzen-Gel oder transparentes Kerzen-Gel und 3 gelbe Farbpastillen
- gewachster Kerzendocht
- flache breite Glasschale
- Puddingform aus Kunststoff
- hellroter Kerzensand
- Deko-Beeren
- Heißklebepistole
- spitzes Messer

Anleitung

Erhitzen Sie das gelbe Kerzen-Gel, oder färben Sie transparentes Kerzen-Gel gelb ein (Sie lösen die Farbpastillen gemeinsam mit dem transparenten Gel auf). Das flüssige Kerzen-Gel wird in eine Puddingform aus Kunststoff gegeben, die sauber und trocken sein sollte. Lassen Sie das Gel erkalten. In der Zwischenzeit füllen Sie eine Schicht Kerzensand in die flache Glasschale. Ist das Gel in der Puddingform erstarrt, stürzen Sie die Form. Dies gelingt gut, wenn Sie das Gel an den Rändern mit einem spitzen Messer von der Form lösen. Setzen Sie den Pudding auf den Kerzensand.

Zum Schluss ziehen Sie den Docht ein, indem Sie dafür mit einem erhitzten Schaschlikspieß aus Metall ein Loch bohren. Auf den Rand der Glasschale fixieren Sie die Deko-Beeren mit der Heißklebepistole.

Orangengelee

Material
- transparentes Kerzen-Gel
- Glas
- gewachster Kerzendocht
- Marmeladenlöffel
- getrocknete Orangenscheibe
- Deko-Orange
- Heißklebepistole

Anleitung

Die Orangenscheibe und den Löffel platzieren Sie im Glas. Dann füllen Sie langsam das flüssige Kerzen-Gel ein, nachdem Sie es im Wasserbad erhitzt haben. Erhitzen Sie einen Schaschlikspieß aus Metall ebenfalls im Wasserbad, und bohren Sie mit ihm ein Loch in die Mitte der Kerze. Dafür muss die Kerze vollständig erstarrt sein. In das Loch ziehen Sie den Docht ein. Anschließend kleben Sie mit Hilfe der Heißklebepistole die Deko-Orange auf den Glasrand.

Spaghetti

Material

- transparentes Kerzen-Gel
- Glas
- gewachster Kerzendocht
- Spaghetti
- Nudeln in verschiedenen Formen
- je ca. 40 cm rotes, grünes und weißes Schleifenband
- Faden

Anleitung

Diese Kerze ist eine wunderschöne Tisch-Dekoration für ein Pasta-Essen.

Mit Hilfe des Fadens bündeln Sie die Spaghetti in der Mitte und fächern diese oben und unten ein wenig auseinander. Stellen Sie die Spaghetti auf diese Weise gebündelt in das Glas. Damit sich die Spaghetti nicht verbiegen, soll das Gel zwar flüssig, aber nicht mehr heiß sein. Lassen Sie das Gel also etwas abkühlen, nachdem Sie es im Wasserbad erhitzt haben. Füllen Sie es langsam in das Glas. Wenn das Gel erstarrt ist, erhitzen Sie einen Schaschlikspieß aus Metall im Wasserbad und bohren mit ihm ein Loch in die Mitte der Kerze. Hier wird der Docht eingezogen. Zum Schluss binden Sie die Schleifenbänder um die Spaghetti. An den Enden der Bänder können Sie nach Wunsch verschiedene Nudeln einbinden.

Kandierte Früchte

Material
- ca. 250 g transparentes Kerzen-Gel
- je eineinhalb rote und gelbe Farbpastillen
- 3 Esslöffel hellgrüner Kerzensand
- flache Glasschale
- gewachster Kerzendocht mit Dochthalter
- flache Schale (z.B. Aluminium-Grillschale oder Glasschale)
- scharfes Messer

Anleitung
Erhitzen Sie ein Drittel des Kerzen-Gels im Wasserbad, und lösen Sie darin eine gelbe Farbpastille auf.

Gießen Sie das gelbe Gel in eine flache Schale, und lassen Sie es erkalten. Dann nehmen Sie den Gel-Block heraus und schneiden ihn mit einem scharfen Messer in Würfel. Auf dieselbe Weise stellen Sie rote Würfel her. Für die orangefarbenen Würfel lösen Sie je eine halbe rote und gelbe Farbpastille in dem letzten Drittel Kerzen-Gel auf. Haben Sie alle Würfel geschnitten, wälzen Sie die Würfel im Kerzensand. Kleben Sie den Dochthalter mit dem Wachsplättchen auf seiner Rückseite in das Glas.
Dann füllen Sie eine etwa 1 cm hohe Schicht Kerzensand in das Glas und schichten die Gelwürfel um den Docht herum in die Glasschale.

Leuchtendes Obst

Material

- ca. 250 g transparentes Kerzen-Gel
- je eine gelbe, rote, grüne, pinkfarbene und blaue Farbpastille
- flache Glasschale
- 2 gewachste Kerzendochte
- blauer Kerzensand
- Eiswürfelbereiter aus Kunststoff
- spitzes Messer

Anleitung

Eiswürfelbereiter aus Kunststoff sind in Haushaltswarengeschäften in vielen Formen erhältlich. Das flüssige Gel wird hineingegossen und nach dem Erstarren herausgehoben. Dies gelingt ganz einfach, wenn man die Gelränder mit einem spitzen Messer von der Form löst.

Für diese Kerze ist ein Eiswürfelbereiter für Ananas, Äpfel, Weintraube und Erdbeeren verwendet worden.

Erhitzen Sie etwa ein Viertel des Gels im Wasserbad, und lösen Sie darin je ein Viertel der roten und gelben Farbpastille auf. Sie erhalten orangefarbenes Gel, das Sie in die Eiswürfelform gießen können. Auf die gleiche Weise stellen Sie grünes, blaues und pinkfarbenes Gel her. Gießen Sie das Gel in die entsprechenden Fruchtformen. Nach dem Erstarren des Gels wird die Form gestürzt, und die Gel-Früchte werden herausgenommen. Schneiden Sie die Kerzendochte in passende Stücke, die Sie in die Früchte schieben. Geben Sie eine Schicht Kerzensand in das Glas, und platzieren Sie die Gel-Früchte darauf.

Salamander

Material

- transparentes Kerzen-Gel
- 2 Esslöffel orangefarbenes Kerzen-Gel (wenn Sie von einer vorherigen Kerze noch einen Rest übrig haben) oder transparentes Kerzen-Gel mit einer gelben und einer halben roten Farbpastille
- rechteckiges Glas
- gewachster Kerzendocht
- orangefarbener Deko-Sand
- Deko-Salamander aus Glas

Anleitung

Geben Sie eine Schicht orangefarbenen Deko-Sand in das Glas, und stellen Sie den Salamander darauf. Lassen Sie transparentes Kerzen-Gel erhitzen, und füllen Sie das flüssige Gel möglichst langsam in das Glas ein.

Das Gel muss vollständig erstarrt sein, bevor Sie die orangefarbene Schicht auffüllen können. Dafür erhitzen Sie entweder orangefarbenes Kerzen-Gel, oder Sie färben transparentes Gel mit einer gelben und einer halben roten Farbpastille. Füllen Sie das flüssige orangefarbene Gel in das Glas.

Wenn das Kerzen-Gel insgesamt erstarrt ist, erhitzen Sie einen Schaschlikspieß aus Metall im Wasserbad und bohren mit ihm ein Loch in die Mitte der Kerze. Hier ziehen Sie den Docht ein.

Sprühende Farbschichten

Material
- Glas
- gewachster Kerzendocht
- roter, grauer, hellblauer, hellgrüner und orangefarbener Kerzensand

Anleitung

Diese Kerze ist eine wunderschöne Variante, da sie nicht aus Kerzen-Gel gegossen wird, sondern aus Kerzensand besteht. Kerzen aus Kerzensand sind besonders leicht herzustellen.

Der Spezialsand ist in vielen leuchtenden Farben im Fachhandel erhältlich. Er wird auch in unterschiedlichen Duftnoten angeboten. Wenn Sie duftenden Kerzensand verwenden, verschafft Ihnen diese Kerze nicht nur optische Reize.

Für Kerzen aus Kerzensand ist kein Wasserbad notwendig, daher ist diese Kerze besonders einfach in der Herstellung. Füllen Sie Kerzensand in verschiedenen Farben nach und nach in das Glas, sodass sich schöne Farbschichtungen ergeben.

Die Abbildung zeigt nur eine farbliche Variante. Sie können Sand Ihrer Lieblingsfarben verwenden. Haben Sie den Sand in das Glas geschichtet, fügen Sie den gewachsten Docht ein. Nun können Sie es sich bei Kerzenschein gemütlich machen.

Bunter Farbmix

Material

- etwas transparentes Kerzen-Gel
- gelbe, rote, orangefarbene, grüne, pinkfarbene und blaue Gel-Reste
- Glas
- gewachster Kerzendocht mit Dochthalter

Anleitung

Wenn man schon einige farbige Gel-Kerzen gegossen hat, hat man viele bunte Gel-Reste. Dieser Farbmix ist ein idealer Verwerter auch für den kleinsten Rest.

Kleben Sie den Dochthalter mit dem Wachsplättchen auf seiner Rückseite in den Glasboden. Zupfen Sie das farbige Gel in kleine Stücke, und schichten Sie diese in das Glas. Die Zwischenräume füllen Sie nun mit transparentem Kerzen-Gel auf, das Sie im Wasserbad erhitzt haben. Füllen Sie es langsam in das Glas, und lassen Sie die Kerze erstarren.

Tipp: Sollten Sie keine bunten Gel-Reste haben, können Sie auch transparentes Kerzen-Gel mit Farbpastillen in den entsprechenden Farben einfärben. Gießen Sie dann kleine Gel-Mengen in eine flache Glasschale oder einen Aluminiumbehälter, der zum Grillen verwendet wird. Sind diese Gelschichten erstarrt, können Sie sie in kleine Brocken zerteilen.

Wüstenlandschaft

Material
- transparentes Kerzen-Gel
- Glas
- gewachster Kerzendocht
- orangefarbener Deko-Sand
- Deko-Pyramide, Kugel und Quader aus Glas

Anleitung
Geben Sie eine Schicht orangefarbenen Deko-Sand in das Glas, und platzieren Sie die Glasfiguren darauf. Erhitzen Sie das Kerzen-Gel im Wasserbad, und füllen Sie es möglichst langsam in das Glas ein. Der Docht wird nach Erstarren des Gels eingeführt, indem Sie einen Schaschlikspieß aus Metall im Wasserbad erhitzen und mit ihm ein Loch in die Mitte der Kerze bohren.

Geldstück

Material
- transparentes Kerzen-Gel
- Glas
- gewachster Kerzendocht
- Geldstück
- blaue Deko-Körnung

Anleitung
Wenn Sie ein Geldstück verschenken wollen, ist diese Kerze eine originelle Idee. Der Beschenkte kann schon nach vier bis fünf Stunden Brenndauer das Geldstück aus dem Wachs heben.
Füllen Sie die Deko-Körnung in das Glas, und legen Sie das Geldstück darauf. Erhitzen Sie das transparente Kerzen-Gel, und füllen Sie es langsam in das Glas ein.
Wenn das Kerzen-Gel erstarrt ist, ziehen Sie den Docht ein. Dafür erhitzen Sie einen Schaschlikspieß aus Metall im Wasserbad und bohren mit ihm ein Loch in die Mitte der Kerze.

Sterne

Material

- transparentes Kerzen-Gel
- etwas blaues Kerzen-Gel
- einige verschieden große Metallsterne
- Glas
- gewachster Kerzendocht
- Naturbast
- Heißklebepistole

Anleitung

Erhitzen Sie das transparente Kerzen-Gel, und füllen Sie das Glas ungefähr zur Hälfte mit Gel auf.

Lassen Sie das Gel etwas erkalten, und platzieren Sie senkrecht einige Metallsterne hinein. Füllen Sie nun das Glas mit transparentem Kerzen-Gel auf, und platzieren Sie weitere Sterne in das Gel, nachdem dieses etwas erkaltet ist. Mit einer dünnen Schicht aus blauem Gel wird die Kerze beendet. Lassen Sie die Kerze erstarren. Fügen Sie den Docht ein, indem Sie einen Schaschlikspieß aus Metall im Wasserbad erhitzen und mit ihm ein Loch in die Mitte der Kerze bohren. Binden Sie Bastfäden um den oberen Glasrand, und setzen Sie einen Stern über den Knoten.

Anissterne

Material

- transparentes Kerzen-Gel
- Glas
- gewachster Kerzendocht
- Anissterne
- Metallsterne
- Heißklebepistole

Anleitung

Lassen Sie das transparente Kerzen-Gel im Wasserbad erhitzen. Füllen Sie es möglichst langsam ungefähr bis zur Hälfte in das Glas ein. Nachdem das Gel etwas erkaltet ist, platzieren Sie die Anissterne senkrecht an der Glaswand. Füllen Sie das Glas mit transparentem Gel auf. Fügen Sie den gewachsten Docht ein. Dafür erhitzen Sie einen Schaschlikspieß aus Metall im Wasserbad und bohren mit ihm ein Loch in die Mitte der Kerze. Anschließend kleben Sie von außen einige Metallsterne auf das Glas.

Frohes neues Jahr

Material
- transparentes Kerzen-Gel
- Grappaglas
- gewachster Kerzendocht
- Deko-Schornsteinfeger mit roter Schleife
- gedrahtetes Schleifenband in Gold
- Heißklebepistole

Anleitung
Erhitzen Sie das Kerzen-Gel, und füllen Sie es langsam in das Glas. Ist das Gel erstarrt, wird ein Schaschlikspieß aus Metall im Wasserbad erhitzt. Bohren Sie mit ihm ein Loch in die Mitte der Kerze, und ziehen Sie hier den Docht ein. Binden Sie das goldene Schleifenband um das Glas. Darauf fixieren Sie zum Schluss den Schornsteinfeger mit Hilfe der Heißklebepistole.

Glücksschweinchen

Material
- transparentes Kerzen-Gel
- Glas
- gewachster Kerzendocht
- rote Deko-Körnung
- Deko-Schweinchen aus Keramik

Anleitung
Geben Sie eine Schicht Deko-Körnung in das Glas, und stellen Sie das Schweinchen hinein. Ist die Oberfläche des Schweinchens sehr offenporig, sollten Sie das Schwein zuvor in flüssiges Kerzen-Gel tauchen, um die Poren zu schließen und eine starke Bläschenbildung der Kerze zu verhindern. Erhitzen Sie das Kerzen-Gel, und füllen Sie es möglichst langsam in das Glas. Nachdem das Kerzen-Gel erstarrt ist, erhitzen Sie einen Schaschlikspieß aus Metall im Wasserbad und bohren mit ihm ein Loch in die Mitte der Kerze. Hier ziehen Sie den Docht ein.

Tipp: Zur Dekoration können Sie, wie auf der Abbildung, ein paar Marienkäfer aus Holz zu Ihrer Kerze legen.

ENGLISCH VERLAG

kreativ

ISBN 3-8241-0927-1
Broschur, 32 Seiten

ISBN 3-8241-0958-1
Broschur, 32 Seiten

ISBN 3-8241-0980-8
Broschur, 32 Seiten

ISBN 3-8241-0922-0
Broschur, 48 S., Vorlageb.

ISBN 3-8241-0795-3
Broschur, 48 S., Vorlageb.

Lust auf Mehr?

Liebe Leserin, lieber Leser,
natürlich haben wir noch viele andere Bücher im Programm.
Gerne senden wir Ihnen unser Gesamtverzeichnis zu.
Auch auf Ihre Anregungen und Vorschläge sind wir gespannt.
Rufen Sie uns einfach an oder schreiben Sie uns.

Englisch Verlag GmbH
Postfach 2309 · 65013 Wiesbaden
Telefon 0611/9 42 72-0 · Telefax 0611/9 42 72 30
E-Mail info@englisch-verlag.de
Internet http://www.englisch-verlag.de